BEI GRIN MACHT SICH IHR WISSEN BEZAHLT

- Wir veröffentlichen Ihre Hausarbeit,
  Bachelor- und Masterarbeit

- Ihr eigenes eBook und Buch -
  weltweit in allen wichtigen Shops

- Verdienen Sie an jedem Verkauf

Jetzt bei www.GRIN.com hochladen
und kostenlos publizieren

Jasmin Zachopoulos

Die Weimarer Republik. Entwicklung, Goldene Zwanziger, Aufbau, Literatur und Untergang

GRIN Verlag

Bibliografische Information der Deutschen Nationalbibliothek:

Die Deutsche Bibliothek verzeichnet diese Publikation in der Deutschen National-
bibliografie; detaillierte bibliografische Daten sind im Internet über http://dnb.d-
nb.de/ abrufbar.

Dieses Werk sowie alle darin enthaltenen einzelnen Beiträge und Abbildungen
sind urheberrechtlich geschützt. Jede Verwertung, die nicht ausdrücklich vom
Urheberrechtsschutz zugelassen ist, bedarf der vorherigen Zustimmung des Verla-
ges. Das gilt insbesondere für Vervielfältigungen, Bearbeitungen, Übersetzungen,
Mikroverfilmungen, Auswertungen durch Datenbanken und für die Einspeicherung
und Verarbeitung in elektronische Systeme. Alle Rechte, auch die des auszugsweisen
Nachdrucks, der fotomechanischen Wiedergabe (einschließlich Mikrokopie) sowie
der Auswertung durch Datenbanken oder ähnliche Einrichtungen, vorbehalten.

Impressum:

Copyright © 2010 GRIN Verlag GmbH
Druck und Bindung: Books on Demand GmbH, Norderstedt Germany
ISBN: 978-3-656-95780-5

Dieses Buch bei GRIN:

http://www.grin.com/de/e-book/298958/die-weimarer-republik-entwicklung-goldene-
zwanziger-aufbau-literatur

GRIN - Your knowledge has value

Der GRIN Verlag publiziert seit 1998 wissenschaftliche Arbeiten von Studenten, Hochschullehrern und anderen Akademikern als eBook und gedrucktes Buch. Die Verlagswebsite www.grin.com ist die ideale Plattform zur Veröffentlichung von Hausarbeiten, Abschlussarbeiten, wissenschaftlichen Aufsätzen, Dissertationen und Fachbüchern.

Besuchen Sie uns im Internet:

http://www.grin.com/

http://www.facebook.com/grincom

http://www.twitter.com/grin_com

Aristoteles Universität Thessaloniki

Abteilung Deutsche Sprache und Philologie

Vorlesung: Landeskunde Thüringen

Sommersemester: 2010

Name:

Zachopoulos Jasmin _____

Hausarbeit: **Die Weimarer Republik**
_____ _____

Inhaltsverzeichnis

Die Weimarer Republik

1. Einleitung

Die Weimarer Republik

- bezeichnet das Deutsche Reich in den Jahren 1918/19 bis 1933
- Beginn der Epoche mit der Abdankung des Kaisers am 09. November 1918 bzw. der Weimarer Verfassung am 11. August 1919
- Ende der Epoche mit der Machtergreifung Adolf Hitlers am 30. Januar 1933
- Bezeichnung nach der thüringischen Stadt Weimar, Tagungsort der verfassunggebenden Nationalversammlung

1.1 Unterteilung in drei Zeitabschnitte:

- 1919-1923: Krisenjahre, zahlreiche Umsturzversuche, Hyperinflation durch die Kriegsfolgen (=Reparationszahlung)
- 1924-1929: relatives Stabilität, wirtschaftliche Erholung, das außenpolitische Ansehen Deutschlands steigt wieder
- 1929-1933: Weltwirtschaftskrise, Aufstieg der Nationalsozialisten = dies führt zum Untergang der Weimarer Republik

Die Weimarer Republik stellte den ersten demokratischen Verfassungsstaat in Deutschland dar und war zu ihrer Zeit eine der fortschrittlichsten Verfassungen überhaupt. Es war nach der Märzrevolution von 1848 der zweite (und erste erfolgreiche) Versuch, eine liberale Demokratie in Deutschland zu etablieren. Das Entstehen dieses Staates entsprach dem Mehrheitswillen des deutschen Volkes, unddennoch lagen von Anfang an und während der gesamten kurzen Zeit der Republik Schatten darüber. Unter anderem sind folgende Gründe zu nennen:

1. Deutschland und Europa waren durch den Ersten Weltkrieg verarmt und ökonomisch schwer angeschlagen. Die Weimarer Republik musste die Schulden des Kaiserreiches und die im Versailler Vertrag auferlegten Lasten (Reparationszahlungen) übernehmen.
2. Weimarer Staat = „konservative Republik". In vielen wichtigen Bereichen und Positionen, z.B. in der Verwaltung, der Justiz und dem Militär wurden das Personal und die Beamten aus der Kaiserzeit wieder eingesetzt bzw. übernommen.
3. Die frühe Machtübergabe der alten Herrscher wurde der neuen Regierung zum Verhängnis und führte zur sogenannten Dolchstoßlegende (= die Rechte machte die Anhänger der Republik für die Niederlage im Ersten Weltkrieg verantwortlich, beschimpfte sie als „Novemberverbrecher" und unterstellte ihnen, sie hätten das *im Felde unbesiegte* deutsche Herr mit der Revolution *von hintenerdolcht.*)

In den 14 Jahren der Weimarer Republik gab es ca. 20 Kabinettwechsel, im Reichstag war eine Vielzahl von bis zu 17 verschiedenen Parteien vertreten.

Ab 1930 regierte man mit Hilfe von Notverordnungen (Artikel 48 der Weimarer Verfassung) anstelle von Gesetzen. Die republik- und demokratiefeindlichen Parteien (NSDAP, rechtskonservative DNVP und die Kommunistische Partei Deutschlands) verfügten seit dem Sommer 1932 über eine absolute Mehrheit im Reichstag.

2. Entwicklung der Weimarer Republik (1918-1923)

Die Weimarer Republik ging am Ende des Ersten Weltkrieges aus der Novemberrevolution hervor. Im Verlauf der Revolution wurde die städtische Verwaltung vieler deutscher Großstädte von revolutionären Arbeiter- und Soldatenräte übernommen.

Im Oktober 1918 sendete der amtierende Reichskanzler Prinz Max von Baden ein Waffenstillstandsgesuch an den amerikanischen Präsidenten Woodrow Wilson. Es folgte ein mehrwöchiger Notenwechsel. Die dritte Wilson- Note vom 23. Oktober 1918 forderte von Deutschland die vollständige Kapitulation und die Abdankung des Monarchen Wilhelm II. Seit September 1918 war der Obersten Heeresleitung (OHL) bereits klar, dass der Krieg für Deutschland verloren war, dennoch wollte General Erich Ludendorff die Bedingungen der Alliierten nicht annehmen und forderte die Wiederaufnahme des Krieges.

Diese Forderungen lösten allerdings den Matrosenaufstand von Kiel aus.Die Matrosen verweigerten den Gehorsam und bildeten revolutionäre Ausschüsse. Sowohl die Soldaten, als auch die Bevölkerung waren total entkräftet, verbittert und kriegsmüde. Die Revolte breitete sich in den nächsten Tagen wellenförmig aus, erst auf die übrigen Küstengarnisonen, dann ins Landesinnere.

2.1 9. November 1918

Am Morgen des 9. November 1918 erreichte die Revolution die Reichshauptstadt. Die Ereignisse überstürzten sich:

12 Uhr: Max von Baden möchte die aufgebrachten Massen beruhigen und gibt eigenmächtig die Abdankung des Kaisers bekannt

13 Uhr: von Baden übergibt das Amt des Reichskanzlers dem Vorsitzenden der SPD Friedrich Ebert und tritt selbst zurück. Dieser Akt war verfassungsrechtlich fragwürdig, denn die Ernennung der Reichsregierung stand nur dem Kaiser zu.

14 Uhr: Philipp Scheidemann ruft vom Fenster des Reichstags eine freie demokratische „Deutsche Republik" aus

16 Uhr: auch der Sprecher des Spartakusbundes Karl Liebknecht verkündet vom Berliner Schloss eine „Freie sozialistische Republik" nach russischem Vorbild.

Am Abend desselben Tages begab sich der Kaiser enttäuscht über den „Verrat" durch Max von Baden, nach Holland ins Exil; Erich Ludendorff flüchtete nach Schweden.

2.2 10. November 1918:

Die SPD und die USPD bildeten den Rat der Volksbeauftragten unter gleichberechtigtem Vorsitz von Friedrich Ebert und Hugo Hasse. Von der SPD gehörten ihm Scheidemann und Otto Landsberg an, von der USPD Emil Barth sowie Wilhelm Dittmann. Der Rat der Volksbeauftragten stellte die tatsächliche Staatsspitze dar. Die Vollversammlung der Berliner Arbeiter- und Soldatenräte bestätigte die provisorische Regierung, bildete allerdings zur ihrer Kontrolle einen Vollzugsrat. Ebenfalls am 10. November versicherte sich Ebert die Unterstützung der OHL unter Führung Wilhelm Groeners, welcher der Nachfolger Ludendorffs war. Im Gegenzug garantierte Friedrich Ebert die Autonomie der militärischer Führung (Ebert –Groener-Pakt). Mit diesem Akt begab sich die neue Regierung in eine Abhängigkeit, denn die Armee war nicht besonders republikfreundlich und beanspruchte als „Staat im Staat" ihre Angelegenheiten ohne parlamentarische Kontrolle zu regeln.

2.3 Entscheidung für die Nationalversammlung

Vom 16. bis 21. Dezember tagte in Berlin der Reichskongress der Arbeiter- und Soldatenräte. Die Delegierten traten mit einer überwältigenden Mehrheit für die Wahl zur Nationalversammlung am 19. Januar 1919 ein. Das erste Mal in der deutschen Geschichte gingen Männer und Frauen gemeinsam an die Wahlurnen – während die Männer im Krieg an den Fronten gekämpft hatten, waren es Frauen gewesen, die die Industrieproduktion, die Verkehrsmittel und die Verwaltung in Schwung gehalten hatten. Ihnen nun die politische Gleichberechtigung zu versagen, war nicht möglich. Von den 423 gewählten Abgeordneten waren 41 weiblich, also 9,6%. Weder die folgenden Reichs- noch die deutschen Bundestage haben einen so hohen Prozentsatz wieder erreicht.

Als Reaktion auf das Bündnis von SPD und der kaiserlichen Armee verließen die Vertreter der USPD am 28. Dezember 1918 empört den Rat der Volksbeauftragten. Die USPD Vertreter wurden durch Gustav Noske und Rudolf Wissell von der SPD ersetzt.

Vom 5. bis zum 12. Januar 1919 besetzten revolutionäre Arbeiter Teile der Innenstadt und das Berliner Zeitungsviertel. Sie erklärten die Reichsregierung für abgesetzt. Der Aufstand scheiterte jedoch. Rosa Luxemburg und Karl Liebknecht wurden durch Mitglieder eines Freikorps heimtückisch ermordet. Diese Tat erregte Abscheu und Empörung, und weite Bevölkerungskreise fühlten sich von der SPD und ihren Kontakte zur Armeeführung verraten.

Anfang März 1919 versuchten Spartakisten einen Putsch gegen die Regierung voranzutreiben. In den sogenannten Märzkämpfen verloren 1.200 Menschen ihr Leben („Berliner Blutwoche"). Wie der Aufstand in Berlin konnte auch die von der USPD Anfang April 1919 proklamierte Münchner Räterepublik nur mit Unterstützung massiver und äußerst brutaler Einsätze niedergeschlagen werden. Nach diesen Kämpfen verlor die revolutionäre Massenbewegung entscheidend an Dynamik.

2.4 Weimarer Verfassung

Am 6. Februar 1919 trat die Nationalversammlung in Weimar zusammen. Weimar wurde als Tagungsort gewählt, weil Sicherheit und Unabhängigkeit der Volksvertreter aufgrund der Unruhen in Berlin nicht gewährleistet schien.

Die SPD, das Zentrum und die linksliberale DDP erhielten zusammen 76% der Stimmen. Die erste demokratisch gewählte Reichsregierung der deutschen Geschichte stand unter der Leitung des Reichsministerpräsidenten Philipp Scheidemann (SPD), zum Reichspräsidenten wählte die

Nationalversammlung Friedrich Ebert (er erhält 277 von 397 Stimmen). Der linksliberale Hugo Preuß war maßgeblich verantwortlich für den Verfassungsentwurf, welcher im Juli 1919 verabschiedet wurde und am 14. August in Kraft trat. Durch die Weimarer Verfassung wurde das Deutsche Reich erstmals eine parlamentarische Demokratie mit in der Verfassung verankerten liberalen und sozialen Grundrechten. Sie begründete eine föderative Republik mit einer Mischform aus präsidialem und parlamentarischem Regierungssystem. Zahlreiche ihrer Artikel waren direkt der Paulskirchenverfassung von 1848 entnommen und flossen ihrerseits wieder in das heute geltende Grundgesetz für die Bundesrepublik Deutschland ein.

2.5 Versailler Vertrag

Die Beratungen bezüglich der Verfassung wurden allerdings durch Verhandlungen über einen Friedensvertrag in Versailles überschattet. Die Alliierten arbeiteten Friedensbedingungen aus, die für Deutschland sehr hart waren und schwerwiegende Konsequenzen hatten.

Zentrale Punkte des Versailler Vertrags:

1. Deutschland verlor alle seine Kolonien, dazu 13% seiner Fläche (Gebietsabtretungen) mit 10% seiner Bevölkerung
2. Deutschlands militärische Macht wurde stark eingedämmt. Die Wehrmacht sollte nur noch aus 100.000 längerfristig dienenden Berufssoldaten bestehen (ohne schwere Waffen, Flugzeuge, Panzer, etc.). Die Entwaffnung ließ eine allenfalls für Polizeieinsätze verwendbare Armee übrig und nahm Deutschland jede Chance, sich militärisch zu verteidigen.
3. Die deutschen „Kriegsverbrecher" (darunter auch der Kaiser) sollten ausgeliefert werden und vor alliierte Gerichte gestellt werden.

Noch größere Empörung als diese harten Bedingungen löste allerdings der Artikel 231, der sogenannte „Kriegsschuldartikel" aus. Demnach seien Deutschland und seine Verbündete als Urheber des Krieges für alle Verluste und Schäden verantwortlich.

Die meisten Parteien Deutschlands waren sich einig den Versailler Vertrag abzulehnen. Scheidemann legte sich öffentlich auf die Nichtunterzeichnung fest, falls nicht wesentliche Änderungen zugestanden würden. Die Alliierten beharrten aber auf fast alle ihrer Forderungen. Unter dem Druck der fortbestehenden Hungerblockade und der Drohung, den Krieg wieder aufzunehmen, falls Deutschland den Vertrag nicht bedingungslos annähme, erklärte sich schließlich die Mehrheit der Nationalversammlung zur Vertragsunterzeichnung bereit. Am 28. Juni 1919 erschienen zwei deutsche Bevollmächtigte, Hermann Müller (SPD) und Johannes Bell (Zentrum), in Versailles um zu unterzeichnen.

2.6 Kapp-Putsch

Nach der Unterzeichnung des Versailler Vertrags mehrten sich die kontrarevolutionären Putschversuche. Im März 1920 besetzten Freikorpsverbände[2] das Berliner Regierungsviertel. Unter ihrem Schutz bildete sich eine konservative Putschregierung unter der Leitung des ostpreußischen Generallandschaftsdirektors Wolfgang Kapp. Dieser wurde zum Reichskanzler ernannt, während sich die legale Reichsregierung unter Reichskanzler Bauer nach Stuttgart zurückzog. Bauer rief von dort zum Wiederstand gegen die Putschisten, und gemeinsam mit den Gewerkschaften zum Generalstreik auf. Bereits nach fünf Tagen scheiterte der Putsch, in erster Linie weil die Berliner Bürokratie und die Reichswehrführung Kapp den Gehorsam verweigerten.

Die legale Regierung kehrte zwar nach Berlin zurück, aber auch in den kommenden Jahren bis 1924 kam es immer wieder zu gewaltsamen Umsturzversuchen.

2.7 Hyperinflation

Ein Verzug bei den Reparationszahlungen führte Anfang 1923 zur Ruhrbesetzung, durch französische und belgische Truppen. Angesichts der militärischen Schwäche Deutschlands, entschloss sich die Reichsregierung zum passiven Widerstand. Man rief gemeinsam mit Parteien und Gewerkschaften im Ruhrgebiet zum Streik gegen die Besatzer auf.

Für Deutschland entwickelten sich daraus allerdings enorme Kosten. Millionen Menschen in den besetzen Gebieten mussten unterstützt werden. Die Kohle, die man aus dem Ruhrgebiet nicht mehr bekam, musste nun im Ausland eingekauft werden, und da noch ein enormer Ausfall an Steuern und Zöllen hinzukam, ergab sich ein riesiges Defizit. Die seit Kriegsende unablässig steigende Inflation erhielt einen zusätzlichen Auftrieb. Deutschland trat in die traumatisierende Periode der Hyperinflation ein. Der Wert der Papiermark fiel immer schneller und erreichte im Oktober 1923 den Höhepunkt: die Mark stand gegenüber dem Dollar bei 25 Milliarden.

Gehaltszahlungen mussten sofort in Waren umgesetzt werden, weil das Geld innerhalb weniger Stunden nichts mehr wert war. Was das bedeutete beschreibt der Held in Erich Maria Remarques Roman „Drei Kameraden": *„Zweimal am Tag gab es Geld und jedes Mal eine Stunde Urlaub, damit man in den Läden rasen und etwas einkaufen konnte,bevor der nächste Dollarkurs herauskam – dann war das Geld nur noch die Hälfte wert."*

Der neue Reichskanzler Gustav Stresemann (DVP) beendete schließlich den passiven Widerstand im Ruhrgebiet und löset das Problem der Inflation durch eine neue Währung. Die Einführung der Rentenmark (1 Rentenmark = 1 Billion Papiermarkstoppte schließlich diese Entwicklung.

3. Goldene Zwanziger (1924 – 1928/29)

In den Jahren zwischen 1924-1928/29 erlebte die Weimarer Republik eine Phase der relativen, aber nicht der absoluten Stabilisierung.

Maßgeblich verantwortlich für die politische „Entspannung" war Gustav Stresemann, der unter wechselnden Regierungen Außenminister blieb. Gemeinsam mit seinem französischem Kollegen Aristide Briand versuchten sie eine deutsch-französische Annäherung, und erhielten 1926 für ihre Versöhnungspolitik den Friedensnobelpreis.

Außenpolitisches Hauptziel Stresemanns war die Überwindung der Isolation, in der sich Deutschland nach dem Ersten Weltkrieg befand. Seine auf Ausgleich gerichtete Politik erkannte den Versailler Vertrag zunächst an, wollte ihn aber durch ein kollektives europäisches Sicherheitssystem ersetzen. Der französische Außenminister Aristide Briand suchte vorrangig unter gesamteuropäischen Gesichtspunkten den Ausgleich mit dem ehemaligen Kriegsgegner Deutschland.

3.1 Dawes-Plan

Der sogenannte Dawes-Plan, ausgearbeitet von den US-amerikanischen Finanzexperten Charles Gates Dawes, stellte die deutschen Reparationszahlungen auf eine völlig neue Grundlage.

Dawes sah vor dem Deutschen Reich Kredite, vor allem durch Gelder aus den USA, zu gewähren. Sein Plan wurde einstimmig angenommen und am 1. September in Kraft gesetzt. Bis 1929 flossen ungefähr über 20 Milliarden Mark an ausländischen Krediten nach Deutschland. Dies bescherte der Wirtschaft eine Kräftige Konjunktur und einen raschen Wirtschaftsaufschwung.

3.2 Locarno Vertrag

Vom 05. bis 16. Oktober 1925 wurden in Locarno völkerrechtliche Vereinbarungen verhandelt und am 1. Dezember 1925 in London unterzeichnet. Sie traten am 10. September 1926 mit der Aufnahme Deutschlands in den Völkerbund in Kraft. Beteiligt an der Konferenz in Locarno waren Deutschland, Italien, Frankreich, England, Polen und die Tschechoslowakei.

Das Vertragswerk sah vor, dass das Deutsche Reich, Frankreich und Belgien auf eine gewaltsame Änderung ihrer jeweiligen Grenzen verzichteten. Deutschland erkannte damit die im Versailler Vertrag festgelegte Westgrenze an, die von Großbritannien und Italien garantiert wurde: Bei einem Angriff Deutschlands auf Belgien oder Frankreich (wie 1914) oder aber einem Einmarsch belgischer oder französischer Truppen in Deutschland (wie 1923) würden die Garantiemächte militärisch auf Seiten des Angegriffenen eingreifen.

Deutschlands Außenpolitik war jedoch nicht einseitig nach dem Westen orientiert. Der am 24. April 1926 abgeschlossene Berliner Vertrag stellte ein deutsch-sowjetisches Freundschafts- und Neutralitätsbündnis dar. Es baute die handelspolitischen und militärischen Beziehungen beider Länder weiter aus.

Mit den Verträgen von Locarno und Berlin durchbrach Deutschland nun endgültig seine außenpolitische Isolation und trat wieder in den Kreis der führenden europäischen Mächte ein. Bei den Westmächten stieß der deutsche Wunsch nach Souveränität und Gleichberechtigung auf Verständnis.

Weitere Stationen auf dem Weg der Aussöhnung mit den ehemaligen Kriegsgegnern bildeten die Unterzeichnung des Briand-Kellogg-Pakts, der die Ächtung des Krieges als Instrument der Politik zum Inhalt hat, und – trotz erheblicher Widerstände von rechter Seite, die in einem Volksbegehren mündeten – die Annahme des Young-Plans, der die Reparationsfrage endgültig regelte und Voraussetzungen für die vorzeitige Räumung des Rheinlands von alliierter Besatzung war.

Bei den Reichstagswahlen im Dezember hatten sowohl die republikfeindliche völkische Rechte, als auch die Kommunisten starke Verluste zu verzeichnen. Die kräftigen Gewinne der Sozialdemokraten zeigten deutlich eine wieder ansteigende Akzeptanz für die Demokratie innerhalb der Bevölkerung.

3.3 Wahl Hindenburgs zum Reichspräsidenten

Im April 1925 wurde der 78jährige Generalfeldmarschall Paul von Hindenburg zum Reichspräsidenten gewählt. Die Reichspräsidentenwahl war notwendig geworden, nachdem der bisherige Reichspräsident Friedrich Ebert im Alter von nur 54 Jahren verstarb. Die Wahl Hindenburgs war Ausdruck einer politischen Gewichtsverschiebung nach rechts. Und auch das Ausland reagierte mit Ablehnung und Erschütterung auf dieses Ereignis. Außenminister Gustav Stresemann hatte Bedenken gegenüber die Kandidatur Hindenburgs, der ursprünglich auf der Liste der Kriegsverbrecher gestanden hatte, ausgedrückt. Er war der Meinung, dass die Alliierten dies als Zeichen von Revanchismus, Militarismus und monarchischer Restaurationdeuten würden. Alle Versuche einer Verständigungspolitik mit den Siegermächten sah Stresemann dadurch gefährdet.

Einige Historiker sind der Meinung, dass dieser Schritt die ersten Weichen gestellt hat, welche später zum Untergang der Weimarer Republik und zur Wahl der Nationalsozialisten geführt hat.

3.4 DerStreit um die Fürstenenteignung

In den Jahren 1925 und 1926 kam es zureiner heftigen Auseinandersetzung um die Behandlung des Vermögens der früher regierenden Fürsten. Dieses Vermögen war in der Novemberrevolution zwar beschlagnahmt, aber nicht enteignet worden. Bei den langwierigen gerichtlichen Streitigkeiten ergriffen die monarchistisch eingestellten Richter eher die Partei der Fürstenhäuser. Daraufhin brachte die DDP im Reichstag einen Gesetzentwurf ein, der den einzelnen Ländern die Möglichkeit geben sollte eine Reglung unter Ausschluss des Rechtsweges zu finden.

Zum ersten Mal in der Weimarer Republik nutzte man die Gelegenheit ein Gesetz durch Volksbegehren und Volksentscheid zu erreichen. Der Gesetzentwurf sah eine entschädigungslose Enteignung der Fürstenhäuser zu Gunsten der Bedürftigen vor.

Nachdem der Reichstag das Ergebnis des Volkbegehrens wie erwartet abgelehnt hatte, kam es am 20. Juni 1926 zum Volksentscheid, bei dem die Mehrheit der Stimmberechtigten benötigt wurde. Bei dem Entscheid scheiterte der Entwurf jedoch, da er nur von 36,4% der Stimmberechtigten unterstützt wurde.

4. **Untergang ab 1929**

Der Tod Gustav Stresemanns im Oktober 1929 markierte den Anfang vom Ende der Weimarer Republik. Ein halbes Jahr später trat die Regierung der Großen Koalition aus SPD, DDP, DVP und Zentrum zurück und die Ära der Präsidialkabinette, die in die Kanzlerschaft Adolf Hitlers münden sollte, begann.

Das Ende der Ära Stresemanns bedeutete einen tiefen Einschnitt in der deutschen Außenpolitik. Die Weltwirtschaftskrise verdeutlichte, wie sehr die Entspannungspolitik von seiner Persönlichkeit abhängig war und, dass der Wille zur Versöhnung über keine breite Basis in Deutschland verfügte. Politischer und wirtschaftlicher Nationalismus traten an die Stelle internationaler Verständigung.

Mit dem „Schwarzen Freitag", welcher den amerikanischen Börsenkrach am 25. Oktober 1929 bezeichnet, begann der offene Ausbruch der Weltwirtschaftskrise.

Die Krise traf Deutschland härter als andere europäischen Staaten, denn die Auslandskredite blieben nun aus. Außer den enormen ökonomischen und sozialen Auswirkungen veränderten sich in Deutschland auch die politischen und gesellschaftlichen Rahmenbedingungen. In diesem Zeitraum vollzog sich der Aufstieg der NSDAP zur Massenpartei, während die Anhänger der Republik in eine aussichtslose Lage gerieten.

Es kam zur Massenarbeitslosigkeit und am Ende der Weimarer Republik im Jahre 1933 zählet man 6 Millionen offizielle Arbeitslose (dies entsprach einer Quote von 30%). Viele Menschen lebten am Existenzminimum. In den folgenden Jahren kam es immer wieder zu Neuwahlen und Kabinettskrisen in rascher Folge.

4.1 Kabinett Brüning

Im März 1930 ernannte der Reichspräsident Paul von Hindenburg den Finanzexperten und Zentrumspolitiker Heinrich Brüning zum Reichskanzler. Das politische Gleichgewicht verlagerte sich in den nächsten zwei Jahren von den Parteien und dem Parlament auf den Reichspräsident und seine rechtskonservativen Berater. Nur mit Hilfe von Notverordnungen nach Artikel 48 der Weimarer Verfassung – ursprünglich zum Schutz der Republik bei Gefahr der öffentlichen Sicherheit und als Mittel der beschleunigten Gesetzgebung in Krisenzeiten gedacht – konnten die Minderheitsregierungen Gesetze durchsetzen, die zuvor im Reichstag keine Mehrheit gefunden hatten.

Die Wahlen vom September 1930 brachten den Nationalsozialisten einen schockierenden Zuwachs. Sie konnten ihren Stimmenanteil von zuvor 2,6 Prozent auf 18,3 Prozent steigern. Dies hatte zur Folge, dass an den ausländischen Börsen die deutschen Aktien deutlich absanken und viele ausländische Kredite gekündigt wurden. Die Wirtschaftskrise verschärfte sich zunehmend, und um den Reichshaushalt ausgleichen zu können, griff die Regierung zu Steuererhöhungen und Lohnkürzungen. Viele Menschen verloren ihr Vertrauen in die Demokratie und in die Republik. Man machte letztere für die schlechte Wirtschaftslage verantwortlich und der Ruf nach einem „starken Mann", der das Deutsche Reich wieder zu alter Größe und Ansehen bringen sollte, wurde lauter.

Kurz nach der Wiederwahl Hindenburgs im April 1932 trat der Reichskanzler Brüning zurück. Er war das Opfer schwer durchschaubarer Intrigen, besonders des Generals von Schleicher, geworden.

4.2 Kabinette von Papen und von Schleicher

In den Jahren bis 1933 gab es noch zwei weitere Kabinettbildungen. Brünings Nachfolger wird Franz von Papen, der Hindenburg sofort ersuchte das Parlament aufzulösen. Nach den Wahlen im Juli 1932, in den die Nationalsozialisten wieder große Erfolge verzeichnen konnten (sie erreichten 230 von 608 Mandaten), ließ von Papen den gerade gewählten Reichstag auflösen. Sein Präsidialkabinett konnte sich jedoch nur ein halbes Jahr halten. Grund dafür war, dass von Papen keine Mehrheit im Reichstag fand und schließlich zurücktrat.

4.3 Ernennung Adolf Hitlers

Auch Kurt von Schleicher, der nun Reichskanzler wurde, konnte sich nicht lange halten. Nach seinem Rücktritt ernannte der Reichspräsident Paul von Hindenburg Adolf Hitler am 30. Januar 1933 zum Reichskanzler. Dies bedeutete faktisch das Ende der Weimarer Republik – auch wenn die Weimarer Verfassung formal nie außer Kraft gesetzt wurde.

In den folgenden Wochen schaffte Hitler zahlreiche Grundrechte ab, und ließ 1000 Personen, vorwiegend Kommunisten und Sozialdemokraten, verhaften. Am 24. März 1933 setzte Hitler gegen die Stimmen der SPD das Ermächtigungsgesetz durch. Dieses Gesetz räumte der Regierung die Gesetzbefugnis ohne Mitwirkung des Parlaments und ohne Beachtung der Verfassung ein. Damit entmachtete sich der Reichstag selbst und die Grundlagen für die Diktatur der NSDAP waren errichtet.

5. Parteien in der Weimarer Republik

Die Sozialdemokratische Partei Deutschlands (SPD) 1918-1933

Am 9. November rief Philipp Scheidemann die Deutsche Republik aus. Der Reichskanzler Prinz Max von Baden übertrug dem Sozialdemokraten Friedrich Ebert sein Amt des Reichskanzlers, und noch am selben Tag bildete die SPD mit der USPD den Rat der Volksbeauftragten als provisorische Reichsregierung. Dieses Gremium setzte dringend anstehende politische und soziale Reformen um und ebnete den Weg für die Wahlen zur verfassunggebenden Nationalversammlung. Von Januar 1919 bis Mai 1920 bildete die SPD als stärkste Fraktion mit dem Zentrum und der Deutschen Demokratischen Partei (DDP) die erste Weimarer Koalitionsregierung.

Die Unabhängige Sozialdemokratische Partei Deutschlands (USPD)

Aufgrund innerparteilicher Differenzen bildeten ehemalige SPD- Mitglieder im März 1916 die Sozialdemokratische Arbeitsgemeinschaft (SAG). Die SPD schloss diese Abgeordneten am 18. Januar 1917 von der Partei aus. Daraufhin wurde am 6. April 1917 die Unabhängige Sozialdemokratische Partei Deutschlands (USPD) unter dem Vorsitz von Hasse gegründet. Trotz politischer Differenzen schloss sich der Spartakusbund unter Beibehaltung großer Eigenständigkeit der neuen Partei an. Zur Unterscheidung wurde die SPD nun zumeist als Mehrheits-SPD (MSPD) bezeichnet. Die USPD sah sich selbst in der Tradition der revolutionären deutschen Arbeiterbewegung. Aufgrund breit gefächerter Agitation und eines immer stärkeren Gegensatzes zur SPD wuchs die Zahl der USPD-Mitglieder im Laufe des Jahres 1918 von 70.000 auf 120.000 an.

Die Deutsche Zentrumspartei (Zentrum) 1918-1933

Aus Protest gegen die zentralistische Politik unter Erzberger spalteten sich 1918 die bayerischen Mitglieder ab und gründeten die Bayrische Volkspartei (BVP). Das Zentrum war bis Ende der Republik immer mit 60 bis 75 Abgeordneten im Reichstag vertreten. In der Nationalversammlung bildete das Zentrum mit der SPD und der Deutschen Demokratischen Partei (DDP) die Weimarer Koalition. Diese Partei war an allen Reichsregierungen bis 1932 beteiligt und stellte mit Konstantin Fehrenbach, Josef Wirth, Wilhelm Marx, Heinrich Brüning sowie – dem später parteilosen – Franz von Papen fünf Politiker als Reichskanzler, deren politische Bandbreite vom linksliberalen Wirth bis zum betont nationalkonservativen Papen reichte.

Die Deutsche Demokratische Partei (DDP)/ Deutsche Staatspartei 1918-1933

Der Chefredakteur des vom Ullstein-Verlag herausgegebenen „Berliner Tagesblatt" Theodor Wolff (1868-1943), veröffentlichte in seiner Zeitung am 16. November 1918 einen Aufruf zur Gründung einer linksliberalen bürgerlichen Partei, der auch von Professoren Albert Einstein mitgezeichnet war. Vier Tage später gründeten Mitglieder der Fortschrittlichen Volkspartei sowie des liberalen Flügels der Nationalliberalen Partei mit dem Publizisten Theodor Wolff und Professoren wie Max Weber und Hugo Preuß die Deutsche Demokratische Partei (DDP).

Die Deutsche Volkspartei (DVP) 1918-1933

Nach dem Zusammenbruch des Kaisereichs im Herbst 1918 formierten sich die Parteien neu. 1919 schloss der von Stresemann geführte rechte Flügel der ehemaligen Nationalliberalen Partei und ein Teil der früheren Fortschrittlichen Volkspartei im Dezember 1918 zur Deutschen Volkspartei (DVP) zusammen. Dem parlamentarischen System der Weimarer Republik zunächst äußerst ablehnend gegenüberstehend, näherte sich die DVP unter dem Vorsitz Stresemanns langsam an die neue Staatsform an. Das offene Bekenntnis der DVP zu den alten Reichsfarben „Schwarz-Weiß-Rot" war Ausdruck der strikten Ablehnung der Weimarer Verfassung und der republikanischen Staatsform

Die Nationalsozialistische Deutsche Arbeiterpartei (NSDAP) 1920-1933

Am 29. Juli 1921 wurde Adolf Hitler zum Parteivorsitzenden. Geprägt von einem aggressiven Antisemitismus und einer radikalen völkischen Weltanschauung blieben die 1920 im 25-Punkte – Programm dargelegten Zielsetzungen der NSDAP bewusst unscharf formuliert. Alle „arischen" Deutschen sollten im Sinne einer „Volksgemeinschaft" in ihr erfasst werden. Zutiefst verachtete die NSDAP den Parlamentarismus und die politischen Parteien der Weimarer Republik, die sie für soziale Gegensätze und die Spaltung des Volkes verantwortlich machte. Ihre wichtigste Aufgabe sah die Partei im Kampf gegen den Versailler Vertrag und das „internationale Judentum".

Die Deutschnationale Volkspartei (DNVP) 1918-1933

Politiker der Freikonservativen Partei, der Deutschkonservativen Partei, der Deutschen Vaterlandspartei, des Altdeutschen Verbands, der Christlichsozialen sowie der Deutschvölkischen unterzeichneten einen am 24. November 1918 veröffentlichen Aufruf zur Gründung einer neuen Reichspartei, die erst nach „Startschwierigkeiten" den Namen „Deutschnationale Volkspartei (DNVP) bekam. Zum Vorsitzenden ließ sich der ehemalige preußische Finanzminister und DNVP-Mitbegründer Oskar Hegt wählen. Die DNVP vertrat vor allem die politischen und wirtschaftlichen Interessen der Eliten des Kaiserreichs: des Adels, des Beamtentums, des Offizierskorps und des gehobenen Bürgertums.

6. Verfassungsorgane: Weimarer Republik und BRD

Der Reichspräsident

Der auf sieben Jahre durch Direktwahl des Volkes gewählte Reichspräsident war höchster Repräsentant des Staates. Er war maßgeblich an der Gesetzgebung beteiligt. Weiterhin hatte er die Möglichkeit laut Artikel 25 den Reichstag aufzulösen. Er kontrollierte die Regierung durch die Ernennung und Entlassung des Reichskanzlers. Darüber hinaus hatte er den Oberbefehl über das Heer. Artikel 48 gab ihm das Recht, bei Gefährdung der öffentlichen Sicherheit den Ausnahmezustand zu verhängen und Notverordnungen zu erlassen.

Bundespräsident

Der Bundespräsident ist das Staatsoberhaupt der Bundesrepublik Deutschland. Durch das Grundgesetz ist seine Macht im politischen System des Landes beschränkt und umfasst vor allem repräsentative Tätigkeiten, weshalb er auch als „neutrale Gewalt" bezeichnet wird. Der Bundespräsident wird von der Bundesversammlung für fünf Jahre gewählt und kann anschließend nur einmal wiedergewählt werden. Der Bundespräsident vertritt den Bund völkerrechtlich und schließt die Staatsverträge ab. Er kann den Bundestag in zwei Ausnahmefällen auflösen und den Gesetzgebungsnotstand erklären. Er schlägt den Bundeskanzler zur Wahl vor und ernennt ihn. Derzeitiger Amtsinhaber ist Horst Köhler, der am 23. Mai 2009 im ersten Wahlgang zu einer zweiten Amtszeit von der Bundesversammlung wiedergewählt wurde.

Der Reichskanzler

In der Weimarer Republik (1919–1933) wurde der Reichskanzler vom Staatsoberhaupt –dem Reichspräsidenten – ernannt und entlassen, doch war er zugleich dem Reichstag gegenüber verantwortlich. Der Reichskanzler konnte aufgrund dieser Konstruktion allerdings auch ohne parlamentarische Mehrheit regieren, sofern es nicht ausdrücklich zu einem förmlichen Misstrauensvotum kam.

Bundeskanzler

Der Bundeskanzler der Bundesrepublik Deutschland ist der deutscheRegierungschef. Er bestimmt die Bundesminister und die Richtlinien der Politik der Bundesregierung. Der Bundeskanzler ist faktisch der mächtigste deutsche Amtsträger, steht jedoch in der deutschen protokollarischen Rangfolge unter dem Bundespräsidenten als Staatsoberhaupt und dem Bundestagspräsidenten als Repräsentanten des einzig direkt vom Volk gewählten Bundesorgans nur an dritthöchster Stelle. Der Bundeskanzler wird vom Bundestag gewählt und kann vor Ablauf der Legislaturperiode des Bundestages nur durch ein konstruktives Misstrauensvotum abgelöst werden. Derzeitige Bundeskanzlerin ist die CDU-Politikerin Angela Merkel.

Reichsregierung

In der Weimarer Republik gab es eine Reichsregierung, die aus dem Reichskanzler und den Reichsministern bestand. Der Reichskanzler und die von ihm vorgeschlagenen Reichsminister wurden vom Reichspräsidenten ernannt. Reichskanzler und Reichsminister waren vom Vertrauen des Reichstages abhängig. Der Vorsitz in der Reichsregierung lag beim Reichskanzler, er bestimmte der Weimarer Verfassung zufolge die Richtlinien der Politik.

Bundesregierung

Die Bundesregierung ist die Regierung der Bundesrepublik Deutschland und übt damit die Exekutivgewalt des Bundes aus. Sie wird auch als Bundeskabinett bezeichnet und besteht aus dem Bundeskanzler und den Bundesministern.

Verfassungsrechtlich ist ihre Rolle in den Art. 62 bis 69 des Grundgesetzes (GG) begründet, wodurch sie zu den Verfassungsorganen zählt. Die Bundesregierung kann nur durch ein Misstrauensvotum, also die Wahl eines neuen Kanzlers, gestürzt werden. Dies sorgt für mehr Stabilität als in Weimar, wo sich Rechts- und Linksradikale zur Abwahl eines Kanzlers zusammenschließen konnten, ohne sich auf einen gemeinsamen Kandidaten zu einigen. In der Weimarer Republik war es außerdem möglich, einzelnen Ministern das Vertrauen zu entziehen.

Reichsrat

In der Weimarer Republik war der Reichsrat ein weiteres Verfassungsorgan und vertrat die Länder bei der Gesetzgebung und der Verwaltung des Reiches. Der Reichsrat besaß das Recht, sein Veto gegen die Beschlüsse des Reichstags einzulegen. Außerdem durfte er Vorschläge für die Besetzung des Reichsgerichts machen. Er hatte im Gegensatz zu Reichspräsident und Reichstag nur einen sehr geringen Anteil an der Macht in der Weimarer Republik; allgemein wird er als schwächer bewertet als der Bundesrat im Kaiserreich bzw. in der Bundesrepublik

Bundesrat

Der Bundesrat ist ein Verfassungsorgan der Bundesrepublik Deutschland, durch das die Länder bei der Gesetzgebung und Verwaltung des Bundes sowie in Angelegenheiten der Europäischen Union mitwirken. Jedes Land ist durch die Mitglieder seiner Landesregierung im Bundesrat vertreten. Auf diese Weise werden die Interessen der Länder bei der politischen Willensbildung des Gesamtstaates berücksichtigt.

Der Reichstag

Der auf vier Jahre nach allgemeinen, gleichen und geheimen Wahlrecht gewählte Reichstag war das zentrale Organ der Weimarer Republik. Er verfügte über den größten Teil der legislativen Gewalt. Weitere Aufgaben waren unter anderem die Kontrolle der Regierung, die Entscheidung über Krieg und Frieden sowie die Bestätigung einzelner Staatsverträge. Der Reichspräsident hatte das Recht zur Auflösung des Reichstages. Reichskanzler und/oder Reichsminister mussten zurücktreten, wenn der Reichstag ihnen das Vertrauen entzog.

Der Bundestag

Der Deutsche Bundestag ist das Parlament der Bundesrepublik Deutschland. Er wird im politischen System als einziges Verfassungsorgan des Bundes direkt vom Staatsvolk gewählt.

Der Bundestag hat viele Aufgaben: Er hat die Gesetzgebungsfunktion, das heißt, er schafft das Bundesrecht und ändert das Grundgesetz, die Verfassung. Hierbei bedarf es häufig der Mitwirkung des Bundesrats. Der Bundestag genehmigt Verträge mit anderen Staaten und Organisationen (internationale Verträge) und beschließt den Bundeshaushalt. Er kontrolliert auch den Einsatz der Bundeswehr. Politisch bedeutsam ist die Öffentlichkeitsfunktion, wonach der Bundestag die Aufgabe hat, die Wünsche der Bevölkerung auszudrücken und umgekehrt die Bevölkerung zu informieren.

7. Die Literatur in der Weimarer Republik

Die Zeit der Weimarer Republik war kulturell eine der schöpferischsten und experimentier-freudigsten Epochen in der deutschen Geschichte. Die Anfangsjahre waren noch geprägt vom Geist des späten *Expressionismus* in Malerei und Literatur. Bald jedoch dominierte die *Neue Sachlichkeit*, welche wiederrum von einem sozialkritischen Realismus zur Zeit der Weltwirtschaftskrise abgelöst wurde. Autoren wie Bertolt Brecht, Alfred Döblin, Hermann Hesse, Erich Kästner, Thomas und Heinrich Mann, Carl von Ossietzky, Erich Maria Remarque, Kurt Tucholsky und Arnold und Stefan Zweig schrieben Weltliteratur.

Ziel der Literaten war es nun eine breite Öffentlichkeit anzusprechen, und man wählte deswegen eine allgemein verständliche Sprache und realitätsbezogene Darstellungen. Die Realität sah jedoch anders aus, denn das breite Publikum las vorwiegend Schriftsteller wie Hermann Löns, Hans Carossa und die trivialen Romane eines Karl May erlebten ihre größten Erfolge.

Der literarische Kunstbetrieb blieb bis ca. 1960 fast ausschließlich in den Händen der intellektuellen Elite, einer kleinen Schicht von Künstlern, Kunstkritikern und dem wohlhabenden Bildungsbürgertum.

7.1 Film

Neu in der Weimarer Republik war das Aufkommen der beiden Medien Film und Rundfunk.

Die Anfänge des deutschen Films reichen zwar bis in das Kaiserreich zurück, den entscheidenden künstlerischen Durchbruch erlebte er aber erst in der Weimarer Republik. *Das Cabinet des Dr.Caligari* (1919) beeindruckt auch heute noch mit seinen expressionistischen Bildern und sowohl Fritz Lang (*Dr. Mabuse, der Spieler*, 1921/22, *Metropolis*, 1927), als auch Walter Papst (*Die Büchseder Pandora* 1928/29, *Die 3-Groschen-Oper*, 1930/31) konnten mit ihren Filmen internationalen Ruhm erlangen.

Natürlich veränderte dieses neue Medieum auch die Literatur, sowie die Entdeckung der Fotografie im 19. Jahrhundert die Malerei revolutioniert hatte. Vielen Zeitgenossen war die ganze Tragweite dieser neuen Situation jedoch nicht vollständig bewusst, und die Schriftsteller reagierten auf diese Konkurrenz sehr unterschiedlich. Einige versuchten die Medien einfach zu ignorieren oder aber, wie Thomas Mann, als „unkünstlerisch" abzutun.

In den 20er Jahren führte Bertolt Brecht einen Prozess gegen die Nero-Film AG, in dem er versuchte sich gegen die Verfälschung seines Werkes „ *Die Dreigroschenoper*" durch die Verfilmung zur Wehr zu setzen. Der Prozess ging als „*Dreigroschenprozess*" in die Literaturgeschichte ein, und machte deutlich, dass ein Werk, wenn es erst einmal auf den Markt gelangt war, beliebig verwertbar war. Brecht selbst hat die Veränderung seines Werkes als „Abbauproduktion" beschrieben.

7.2 Schriftsteller organisieren sich

Bücher wurden immer mehr zu einer Massenware und die Schriftsteller fühlten sich häufig dem Markt ausgesetzt. Als Reaktion auf diese Abhängigkeit kam es zur Bildung von Schriftstellerverbänden, die nicht nur politische Positionen formulierten, sondern auch die ökonomischen Interessen der Autoren vertreten sollten. Der wichtigste dieser Verbände war der *Schutzverband Deutscher Schriftsteller* (SDS), welcher bereits 1909 in Berlin gegründet worden war. In ihm waren nahezu alle bedeutenden Autoren jener Zeit organisiert, und er bezweckte *„den Schutz, die Vertretung und Förderung der wirtschaftlichen, rechtlichen und geistigen Berufsinteressen seiner Mitglieder"*. 1921 wurde der internationale PEN-Club gegründet, der sich für Weltfrieden und gegen Völker- und Rassenhass engagierte.

7.3 Zensur

Im Artikel 108 der Weimarer Verfassung standen folgende wichtige Sätze: *„ Jeder Deutsche hat das Recht, innerhalb der Schranken der allgemeinen Gesetze seine Meinung durch Wort, Schrift, Druck, Bild oder in sonstiger Weise frei zu äußern"*, und: *„Eine Zensur findet nicht statt"*. Die in der Verfassung garantierte Meinungsfreiheit bestand allerdings nur auf dem Papier und in den letzten Jahren der Republik wurde sie durch Sondergesetze immer weiter eingeschränkt.

Im Jahre 1922, nach der Ermordung Walter Rathenaus, wurde das „Gesetz zum Schutz der Republik" erlassen, welches ursprünglich gegen die nationalistische Rechte gerichtet war. In der Realität wurde dieses Gesetz jedoch fast ausschließlich gegen liberale, sozialistische und kommunistische Autoren angewendet. Schriftsteller, die in ihren Schriften Gewalt, Mord und Grausamkeiten verherrlichten, wie z.B. die Verfasser der vielen Freikorpsromane, wurden dagegen zum Teil noch öffentlich gelobt.

Als dann im Jahre 1926 das „Schund- und Schmutzgesetz" erlassen wurde, boten sich noch weitere Möglichkeiten „unliebsame" Autoren zu unterdrücken. Auf der Grundlage dieser beiden Sondergesetze verbat man nun etliche Bücher, darunter auch den Bestseller *„Im Westen nichts Neues"* von Erich Maria Remarque, und Filme.

1931 trat eine so genannte „Pressenotverordnung" in Kraft, welche es den Behörden ermöglichte ohne richterliche Anordnung Schriften zu beschlagnahmen und die Herausgabe von Zeitungen bzw. Zeitschriften über mehrere Monate zu verbieten.

Diese Sondergesetze führten unweigerlich dazu, dass 1933, nach der Machtübernahme Adolf Hitlers, viele Bücher verboten, verbrannt und deren Autoren ins Exil getrieben wurden.

7.4 Zwei Autoren

7.4.1 Erich Maria Remarque

Erich Maria Remarque wurde am 22.6.1898 in Osnabrück geboren und starb am 25.9.1970 in Locarno. Berühmt wurde er durch seinen erfolgreichsten Roman „Im Westen nichts Neues" (1929).

Im Ersten Weltkrieg wurde er 1916 eingezogen und kam im Juni 1917 an die Westfront. Bereits Ende Juli wurde er durch mehrere Granitsplitter an Armen und Beinen, sowie einen Halsschuss schwer verwundet, und verbrachte den Rest des Krieges in einem Armee -Hospital.

In den oben genannten Roman verarbeitete er neben eigenen Erfahrungen vorwiegend die Erzählungen verwunderter Soldaten, welche er im Lazarett kennengelernt hatte. Der Roman machte Erich Maria Remarque bald nach seinem Erscheinen und der Hollywoodverfilmung durch

Lewis Milestone (1930) weltbekannt. Dieser Antikriegsroman wird der deutsche Millionen-Bestseller der späteren 20er Jahre.

Remarque schildert den Ersten Weltkrieg an der Westfront aus der Perspektive des einfachen Soldaten, nämlich des Kriegsfreiwilligen Paul Bäumer.

In kurzen Szenen führt Remarque die Schikanne der Ausbildung, das Grauen des Trommelfeuers und das Sterben bei Gasangriffen vor. Der Krieg erscheint den Soldaten nicht als ideologisch oder politisch motiviert, sondern als schicksalhaftes Verhängnis, in dem sie um ihr Überleben kämpfen müssen. Ihr Feind ist weniger der Gegner im Schützengraben auf der anderen Seite, als der Krieg selbst. Die ständige Erfahrung von Grauen und sinnlosem Tod lässt alle Werte verblassen und zerstört sämtliche Zukunftsperspektiven. Bäumer stirbt an einem Tag, an dem der Heeresbericht lakonisch „Im Westen nichts Neues" vermerkt.

Remarque hatte seinen Hauptwohnsitz schon seit 1932 in der Schweiz und verließ auf Grund der Hetze der NSDAP am 31. Januar 1933 endgültig Deutschland. Anfänglich lebte er im Schweizer Kanton Tessin und nahm dort Kontakt zu anderen emigrierten deutschen Schriftstellern, u.a. Thomas Mann, Carl Zuckmayer, Ernst Toller, usw. auf.

1938 wurde ihm die deutsche Staatsbürgerschaft aberkannt und ab 1939 lebte er offiziell in den USA, wo er im Gegensatz zu anderen emigrierten Schriftstellern ein hohes Ansehen und große Berühmtheit genoss.

Es gab nach 1945 von Seiten der deutschen Behörden kein Angebot an Remarque, die ihm aberkannte deutsche Staatsbürgerschaft wieder erlangen zu können, worauf er nach eigenen Angaben auch keinen Wert legte.

Remarque starb am 25. September 1970 in Locarno an einer besonderen Komplikation der Arteriosklerose, nachdem er in den Jahren zuvor bereits mehrere Herzinfarkte erlitten hatte.

7.4.2 Bertolt Brecht

Bertolt Brecht wurde am 10. Februar 1898 in Augsburg geboren und starb am 14. August 1956 in Ost-Berlin. Er zählt zu den einflussreichsten deutsche Dramatiker und Lyriker des 20. Jahrhunderts. Brecht hat das epische Theater bzw. das „dialektische" Theater begründet und umgesetzt und wird dadurch zum Klassiker der Moderne.

Die Rebellion gegen die bürgerliche Lebensform und der Kampf gegen Faschismus durchziehen seine Werke. Brecht entwickelte sich in der zweiten Hälfte der 1920er Jahre zum überzeugten Kommunisten und verfolgte fortan mit seinen Werken politische Ziele.

Am 31. August wurde in Berlin im Theater am Schiffbaumdamm die „Dreigroschenoper" von Bertolt Brecht uraufgeführt. Die satirische Neubearbeitung der „Beggars Opera" (1728) des Briten John Gay durch Brecht wurde zu einem triumphalen Theaterereignis. Die Musik ist von Kurt Weill. Gelobt wurde vor allem die Schaffung einer neuen Form des musikalischen Theaters.

Brecht bringt die Kehrseite der Großstadt auf die Bühne und zeigt Huren, Bettler und Gauner, deren Tun dazu dient, bürgerlich- kapitalistische Verhaltensweisen zu entlarven. Die eingestreuten Balladen, das „Lied der Seeräuber-Jenny" und die „Moritat von Mackie Messer" entwickelten sich zu Schlagern.

Ab 1923 stand Brecht auf der schwarzen Liste der Nationalsozialisten und ab 1930 begannen die Nazis vehement seine Aufführungen zu stören. Am 28. Februar 1933 verließ er mit seiner Familie Berlin und flüchtete nach Paris. Im Mai 1933 wurden seine Bücher von den Nazis verbrannt und ein Tag darauf wurden seine gesamten Werke verboten.

Im Jahre 1935 erkannte man Brecht die deutsche Staatsbürgerschaft ab.

Brecht erhielt erst im Mai sein Einreisvisum in die USA und machte sich mit seiner Familie mit Schiff nach Santa Monica, Kalifornien auf. Doch auch in den USA war er kein gern gesehener „Gast". Schon 1942 wurde er als „enemyalien", als feindlicher Ausländer registriert.

Als überzeugter Kommunist konnte sich Brecht in den Vereinigten Staaten nicht wohl fühlen und es war nicht zu leugnen, dass er eine Abneigung gegen dieses Land verspürte. Auf Grund dieser Umstände verließ er die USA 1947 und hielt sich über ein Jahr in der Schweiz auf, welche ihm als einziges Land eine Aufenthaltserlaubnis erteilte.

1949 kehrte Bertolt Brecht nach Ost-Berlin zurück, wo er gemeinsam mit seiner Frau Helene Weigel das Berliner Ensemble gründete.

Er starb im Alter von 58 Jahren an den Folgen eines Herzinfarktes.

Literaturverzeichnis:

- Schildt, Axel (2009): Die Republik von Weimar, Deutschland zwischen Kaiserreich und „Drittem Reich", 2. erweiterte Auflage. Erfurt: Landeszentrale für politische Bildung Thüringen
- Schulze, Hagen (2007): Kleine Deutsche Geschichte. München: C.H.Beck
- Beutin, Wolfgang u.a. (2001): Deutsche Literaturgeschichte. Von den Anfängen bis zur Gegenwart. 6., überarb. Aufl. – Stuttgart: Metzler
- Wienecke-Janz, Detlef (2006): Die Chronik. Geschichte des 20. Jahrhunderts bis heute. Gütersloh/München: Chronik Verlag